会　讲　故　事　的　童　书

给男孩女孩的户外冒险书

[英]珍妮·拉扎尔　著

[英]特加达·伯克霍尔特　绘

谢　沐　译

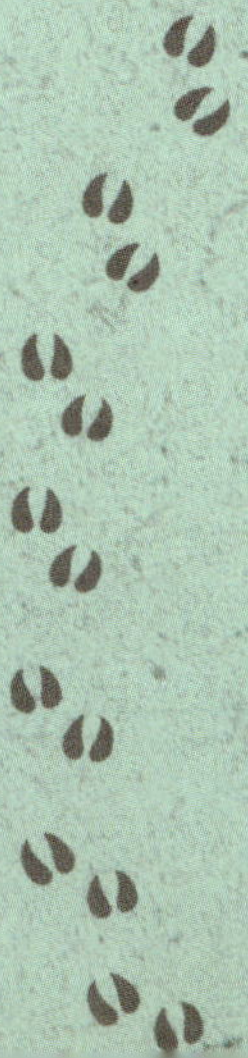

北京体育大学出版社

责任编辑：刘万年
责任校对：殷　亮

图书在版编目（CIP）数据

给男孩女孩的户外冒险书 / (英) 珍妮·拉扎尔著；(英) 特加达·伯克霍尔特绘；谢沐译. -- 北京：北京体育大学出版社，2023.9

书名原文：Adventure is out there

ISBN 978-7-5644-3880-7

Ⅰ. ①给… Ⅱ. ①珍… ②特… ③谢… Ⅲ. ①野外－生存－青少年读物 Ⅳ. ① G895-49

中国国家版本馆 CIP 数据核字 (2023) 第 163949 号

北京市版权局著作权合同登记号：01-2023-3148

给男孩女孩的户外冒险书
GEI NANHAI NÜHAI DE HUWAI MAOXIAN SHU

[英] 珍妮·拉扎尔　著
[英] 特加达·伯克霍尔特　绘
谢　沐　译

出版发行：北京体育大学出版社
地　　址：北京市海淀区农大南路 1 号院 2 号楼 2 层办公 B-212
邮　　编：100084
网　　址：http://cbs.bsu.edu.cn
发 行 部：010-62989320
邮 购 部：北京体育大学出版社读者服务部 010-62989432
印　　刷：天津旭非印刷有限公司
开　　本：710mm × 1000mm　1/16
成品尺寸：170mm × 230mm
印　　张：6.75
字　　数：86 千字
版　　次：2023 年 9 月第 1 版
印　　次：2023 年 9 月第 1 次印刷
定　　价：58.00 元

目录

来一场冒险？

如果你想经历一些小小的冒险，那么恭喜你来对地方了！

什么是冒险？

提起冒险，你可能会想到在世界上某个偏远的地方徒步旅行，但冒险并不全是寻求刺激。第一次做一些小事也可以称作冒险，比如第一次骑自行车，第一次做饭等。

冒险就是去尝试之前没怎么做过的事情，体验新生活，并以不同的视角看待世界。冒险就在我们身边，任何时候都可能发生，我们只需要有一双善于发现的眼睛。

这本书里有什么？

这本书将带你发现极具创意的挑战，并给出实用的建议，还能帮助你学习新技能，培养创新思维。你可以直接翻到感兴趣的页面，也可以从头到尾一页一页地阅读。你准备好了吗？户外冒险开始啦！

冒险常常带来乐趣。

——弗朗西斯·培根

冒险本身就具备独特的价值。

——阿梅莉亚·埃尔哈特

冒险对你来说意味着什么？

动物脚印鉴定指南

这份动物脚印鉴定指南方便又好用，可以在你外出观察动物足迹时派上用场。

犬科动物

犬科动物（如狗、狼和狐狸）的脚印外围轮廓近似椭圆形，每个脚印有4个大大的脚趾印和细细的爪尖印。

如果爪子上有很多毛，脚印可能会不清晰。

有蹄类动物

有蹄类动物（如猪、羊和鹿）的蹄印看上去都很相似，除了大小不同。它们蹄子的材质和人们指甲的材质相似，一些动物的蹄子踩在地上会留下两个前小后大的蹄印。

猫科动物

猫科动物（如家猫、美洲狮和老虎）的脚印近似圆形，有4个清晰的脚趾印，但没有爪尖印，因为它们走路的时候爪尖是收起来的。肉垫印看起来有点儿像字母M。

啮齿类动物

啮齿类动物（如老鼠、松鼠、海狸和仓鼠）的脚印形状和大小各不相同，但它们都是前爪留下4个脚趾印，后爪留下5个脚趾印。

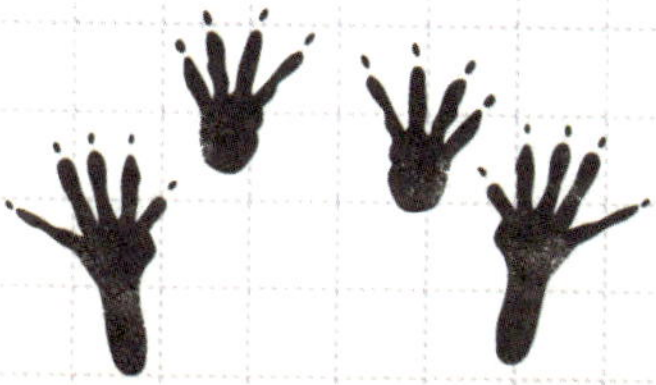

鸟类

从大多数鸟类的脚印来看，鸟类大都都有3个朝前的脚趾和1个朝后的脚趾，有的鸟类朝后的脚趾比较长，有的要短得多，或者干脆没有。

爬行动物和两栖动物

这两类动物种类繁多，脚印也多种多样。对爬行动物，我们应留心观察蛇在地上留下的长而弯曲的痕迹，或者蜥蜴的独特的尾巴在地上拖行的痕迹。对两栖动物，我们可以观察青蛙或蟾蜍的脚印。

如何在野外生火？

学习如何用最常见的3种方法在野外生火。

你需要

★ 引火物

★ 木柴

★ 火柴

注意

有些地方是禁止生火的，你需要提前了解。另外，生火前，一定要得到家长的同意，并向他们寻求帮助。

收集物品

引火物1：干燥的落叶、报纸、草或树皮等。

引火物2：干木棍和铅笔粗细的小树枝等。

木柴：掉落在地上的大树枝或原木等。

清理空地

在你想要生火的地方清理出一块空地。这块空地除了土、石以外，不应该有别的东西，以防火势蔓延。

帐篷式

也叫金字塔式生火法。这种样式看起来有点儿像某些美洲原住民使用的帐篷。

1. 将落叶、报纸放在空地的中间。接着在其周围将木棍、小树枝等堆成帐篷的形状，侧面留出一个开口，让空气能够进来。
2. 保持帐篷形状，继续添加木棍、小树枝等，再放上更大块的木柴。用火柴点燃落叶，看着火焰燃烧起来吧！

小木屋式

这种纵横交错的样式，特别适合烤棉花糖或是用锡纸烤一顿美味的晚餐。

1. 把两根木柴平行放在地上，间隔大约30厘米。再在上面与其垂直放两根木柴，形成一个正方形。就这样，建一个4层高的底座。
2. 把落叶、树皮等放进去，用它和木棍、小树枝等在木柴里面搭成帐篷样式。
3. 划根火柴，把火点燃吧！

熄灭火焰

熄灭火焰所需要的时间可能比你想的要长，所以在准备离开前20分钟，就开始动手熄灭火焰吧。往火上浇一桶水，再用一根木棍搅动灰烬，让所有灰烬都湿透。等木柴凉到可以用手触摸时再离开。

烟雾信号

几千年前，人们用火来传递烟雾信号。这是最为古老的远距离通信方式之一。

星星式

假如你只能找到少量木头，还希望火能慢慢燃烧，那你就可以采用这种生火方式。

1. 用至少3根木柴搭建一个星星的形状，中间留个空隙，用来放引火物。
2. 先在空隙中放上落叶、树皮等，再在上面放一些木棍、小树枝，并确保两者之间留有空隙，可以让空气通过，然后把火点燃吧！

篝火美味

在篝火上做些简单的美味甜点吧。

你需要

- ★ 香蕉
- ★ 巧克力碎块
- ★ 自选配料
- ★ 锡纸
- ★ 热木炭

香蕉船

1

用刀小心地竖着划开香蕉皮（两端不断开）。然后往两边轻轻掰开一点儿缝隙，让它看起来像条小船。

2

你也可以加一些其他的美味配料，比如奶油糖汁或焦糖酱。

在香蕉上撒点儿巧克力碎块和你自选的其他美味配料。

3

用锡纸把香蕉甜点紧紧包裹住，放到热木炭上，远离火源，10分钟后取出烤好的香蕉，剥开锡纸，就可以开吃啦。小心不要烫到手哟！

香蕉皮的妙用！

香蕉皮有助于缓解蚊虫叮咬带来的皮肤瘙痒。当你被叮咬后，可以试试用香蕉皮在皮肤瘙痒处反复揉擦5~10分钟。

巧克力火锅配棉花糖

你需要

- ★ 牛奶
- ★ 巧克力碎块
- ★ 饼干
- ★ 棉花糖
- ★ 露营用的锅具和铁架
- ★ 烧红的木炭
- ★ 长扦

1

往小锅中倒入牛奶，在烧红的木炭上方用小火慢煮。其间不停地用勺子搅拌，使牛奶保持在将要沸腾而没有沸腾的状态。

2

往锅里加巧克力，在搅拌的同时，时不时地尝下味道，直到口味正合你意为止。

加热约5分钟后，把牛奶锅从火上端走，往锅里加入适量的巧克力碎块。继续搅拌，直至巧克力完全溶化在牛奶里，变成巧克力酱。

3

用长扦穿过棉花糖，在火堆中选一处木炭烧红但不起火焰的地方，把棉花糖放在木炭上方约30厘米的地方烤。

4

完全烤好后，把棉花糖放进温热的巧克力火锅里蘸一蘸。最后把巧克力棉花糖放到饼干上。

提示

想要烤出完美的棉花糖，你需要每隔几秒钟转一下长扦，直到棉花糖均匀地呈现褐色，并开始变黏。

夜间觅蛾

夜晚，在你周围寻找各种飞舞的夜蛾。

你需要

- ★ 手电筒
- ★ 白色或浅色床单
- ★ 晾衣绳
- ★ 晾衣夹

迷人的飞蛾

在一个气候温和、看不见月亮的无风夜晚寻找飞蛾，才能达到最佳效果。

1

向家长借一张白色或浅色的床单。用晾衣夹把床单夹在户外晾衣绳上，也可以把床单搭在两把分开放的椅子上。

注意

不要碰飞蛾的翅膀，它们很容易受伤。

2

将手电筒的光尽可能多地照在床单上。飞蛾应该很快就会出现啦。

3

不同种类的飞蛾会在夜晚不同的时段出现，所以要留心观察新来的飞蛾。记录下它们飞来的时间，之后才好进行分辨。

飞蛾和蝴蝶

区分飞蛾和蝴蝶的最好方式，就是观察它们的触角。

蝴蝶

飞蛾

飞蛾并不全是深褐色的。下面这些漂亮得不可思议的飞蛾，可以和最漂亮的蝴蝶相媲美。

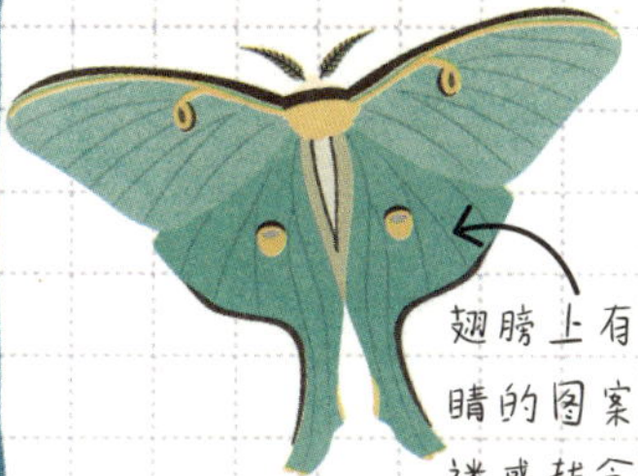

月形天蚕蛾

分布范围：北美洲

红天蛾

分布范围：欧洲、亚洲

乌桕大蚕蛾

分布范围：亚洲

自制虫虫旅店

做个安全又舒适的小家，让各种小虫子住进来吧。

你需要

- ★ 旧木抽屉、花盆、鸟屋或木盒子
- ★ 厕纸筒
- ★ 从以下材料中任选：松果、小树枝、鹅卵石、苔藓、空心竹竿、树皮、草叶等

安全的小窝

虫虫旅店在任何季节都能派上用场，它可以为流浪的野生动物提供一个安全的生活空间。虫虫旅店可以是任何形状和大小的，所以你不用去买什么，自己动手做一个就行。

1 为你的虫虫旅店挑选一个容器。可以是花盆，也可以是拆掉前面挡板的旧鸟屋，还可以是一个旧木抽屉或木盒子，只要它能经受住恶劣天气的考验就可以。

2 收集物品做旅店，为你的“客人”准备不同样式的“房间”。试着找到厕纸筒、鹅卵石、树皮、小树枝、松果、苔藓、草叶和空心竹竿等。

有“虫”自远方来

想想你要招来什么样的“客人”。松果可以引来瓢虫，竹竿可以引来独居的蜜蜂，散落的木头可以引来甲虫或其他虫子。

3 现在，把这些物品装进你选好的容器里吧。牢记你想要吸引来的虫子种类。把容器装好后，找个地方放下，可以放在花园里或者阳台上，然后静待“客人们”的来访吧！

保护蜜蜂！

春夏时节，你很可能会在路面上看到一只蜜蜂。大多时候它们只是想休息一会儿。如果你发现路面上有一只蜜蜂，请家长用树叶或小树枝把它转移到更加安全的地方吧。

一只蜜蜂如果在地上停留超过45分钟，很可能是因为它太累了，飞不动了。这时你只需要将水和白糖对半混合，就能为它做出一杯特别的蜜蜂能量水。

往茶匙或瓶盖里滴上几滴蜜蜂能量水，放在蜜蜂旁边。这样就能给蜜蜂提供充沛的能量，使它恢复体能，飞向远方。

如何打绳结？

学习并掌握露营、登山、航海和其他活动中最常用的4种打结法。

双套结

这种打结法操作起来很容易，适合将绳子系在柱子、杆子或圆环之类的物体上。

1 将绳子挂在支柱上，绳子末端在上面绕一个圈。

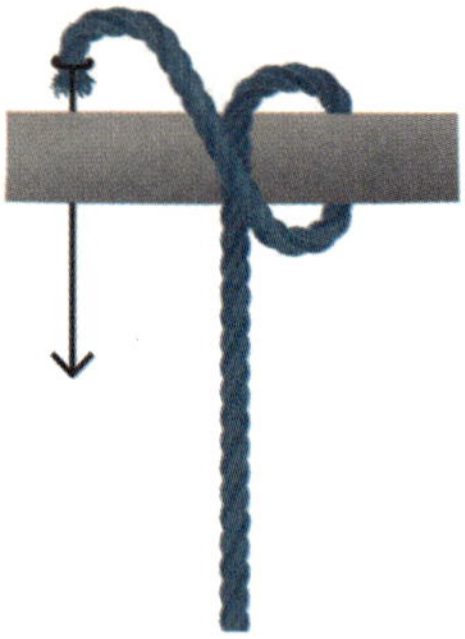

2 将绳子末端从最上面的绳子下穿过去。

3 拉紧绳子两端，完成打结。

平结

也叫方结或平接结。这种打结方法很简单，能把两根绳子系在一起。

1 如图所示，将右边那根绳子的末端从左边绳子的下面穿过去。

2 现在，把左边那根绳子的末端从右边绳子的下面穿过去。

3 拉紧两根绳子的两端，把结系紧。

打平结小口诀

右压左，左压右，打结整齐又紧凑。

八字结

这是一种通用止索结，通常在航海和攀岩时被使用。

1

将绳子的末端从主绳上面拉过来，形成一个圈。

2

让绳子的末端从主绳后面穿过去，再从圈里穿出来。

3

将绳子的末端从圈里拉出来，再拉紧绳子的两端，一个像数字8的绳结就打好了。

打八字结小口诀

先打一个洞，小兔绕树跑，一头钻进洞。

滑结

这是一种可以快速打好的止索结，可以防止绳子的一端散开。拉一拉绳子的另一端，结就解开了。

1

把绳子的一端折过来。

2

拉着被折过来的绳子的一端，绕个圈。

3

继续绕圈。

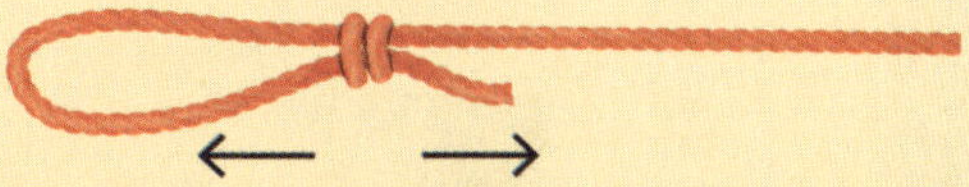

4

将绳子朝两边拉，系紧绳结。

做个动物便便侦探

把动物和它们的便便对上号，你就掌握了一种追踪动物的新方法。

线索就藏在便便里

屎、大便、屁屁、臭臭、便便、排泄物……这些都是形容粪便的词语。你在野外遇到过哪些动物的粪便呢？

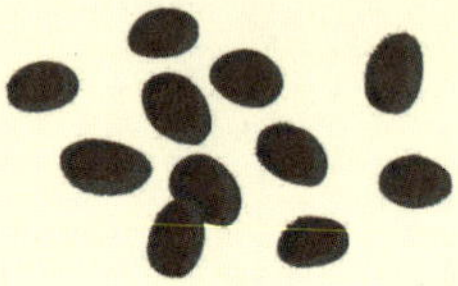

1

尺寸：小
形状：圆形
其他特征：有光泽，黑色，成堆出现

2

尺寸：大
形状：长条形
其他特征：黑色、棕色，包含种子和毛发

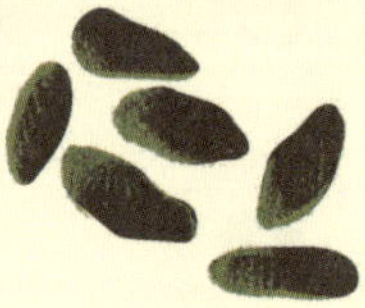

3

尺寸：小
形状：长条形
其他特征：暗绿色，伴有桉树气味

4

尺寸：小
形状：溅成一片
其他特征：青白色，部分成形，部分水样

5

尺寸：大
形状：圆片形
其他特征：质软，棕色

冒牌便便

猫头鹰没法消化猎物的骨头和皮毛，所以它们会把这部分团成团咳出来。这些咳出物叫唾余，看起来和粪便很像，但没有气味。

6

尺寸：巨大
形状：长条形
其他特征：浅褐色，黏土样

便便冷知识

- 树懒5～7天才大便一次。
- 大象的粪便中富含植物纤维，可以用来造纸。
- 袋熊的粪便是立方体形状的。
- 以前，人们常用变干后的蝙蝠粪便来制造火药。
- 鹦嘴鱼的粪便是一种细沙，可以堆积成白沙堆。

A

考拉

考拉一天到晚都有可能排便，就连睡觉的时候也会排便！

B

鹿

一旦受到惊吓，鹿会先拉便便，再逃跑。

C

鳄鱼

鳄鱼的粪便干了以后，看上去就像一截截白色的粉笔。

D

熊

在夏末和秋天，你可以在熊的粪便中发现浆果籽。

E

金刚鹦鹉

鸟类的粪便中含有尿液，尿液中的酸性成分会让粪便变成白色。

F

水牛

变干的水牛粪便可以用作燃料。

答案：1B，2D，3A，4E，5F，6C

用石头作画

用你身边的自然之物做素材，制作出令人称奇的美妙图案吧。

无须工具

当遇到那令人赞不绝口的用石头摆出的图案或用石头堆积出的造型，你是不是很想知道究竟出自何人之手呢？其实，你自己就可以动手来试试！收集一些大小不一、形状各异、色彩缤纷的石头吧，或者找些看起来相似的。你也可以尝试用树枝、松果、羽毛或贝壳等物品来装饰。

放上贝壳和羽毛，会增添更多的乐趣。

平衡表演

你可以把扁平的石头一个接一个地摞在一起，看看你能将石头堆多高。

马赛克画

古希腊人和古罗马人曾用小块的彩色石头、玻璃和贝壳创作出令人惊叹的墙画或地板画。今天，你依然可以看到类似的马赛克画！

岩画

在岩石上，创作一些令人感到不可思议的图案或立体艺术作品吧。你可以用它们来装扮你的窗台，也可以把它们放在某个地方，给别人带来惊喜。

做藏宝地图

指引你的朋友发现隐藏的宝藏。

你需要

- ★ 白纸
- ★ 大托盘或碗
- ★ 茶包或咖啡粒
- ★ 钢笔、铅笔
- ★ 自选的宝藏

海盗的战利品

找个地方把糖果等宝藏藏好，然后画一幅地图，为你的朋友指引寻宝路线。他们能找到海盗的战利品吗？

1

拿一张白纸，揉成团，让它看起来有种古旧的感觉。打开纸团，压平，放到托盘上。

2

请家长帮忙，用热水冲泡茶叶或咖啡。待混合的液体冷却后，倒在托盘的纸上，等待10分钟左右。

3

待纸张变色后，把它挂在通风的地方晾干。

把纸的边缘撕成毛边，这样看起来更真实一些。你也可以请家长帮忙，把纸的边缘烧掉一些。

4

待纸晾干后，先用铅笔画地图，画好后，再用钢笔描一遍。

龙出没，请注意

古代地图上，有很多尚未被发现的地方。地图绘制者会在这些未知的地方画上奇异的海怪或其他想象出来的神话怪物。

为地图上的不同区域分别命名吧，比如“水晶洞”或者“耳语岛”等。

用“X”标记宝藏的位置！

在地图上画个罗盘，用来标记方向。

造个小窝

在户外，建造一个舒适的空间，
和朋友一起待在里面。

选一棵结实的树，做小窝的支柱。试着找到分杈低一些的树，方便你把找到的树枝搭靠上去。

下雨天

如果你想进入小窝，就需要先在上面盖一层防水材料，比如防水布。

你可以在小窝上涂一层泥巴，或盖一些树叶，以防小窝漏水。

在地上捡一些笔直的长树枝，把它们搭靠在树干上。可以用粗细不等的绳子把它们绑在树上，防止其掉落。

我的“城堡”我做主

想想你要在小窝里做什么，是和你的“特工”伙伴们一起“密谋”，还是静静地读书？

自给自足

用鹅卵石、木头、砖块、靠垫、地毯、毛毯等做装饰，为你的小窝做最后的收尾工作。

让星星做你的指路明灯

无论你身在何处，都应学会用星座找准方向。

星罗盘

手机上的定位系统，让我们轻松出行，但还有一种导航方法，不需要任何技术就能辨别方向，航海员们已经使用了上千年。无论你是在南半球还是北半球，观察夜空中的星座，都可以找到东西南北的方位。

笔记

星星看起来是随着地球的转动而移动位置的，但星座相互之间的位置是固定的。

南半球

南十字座

有一种找到南方的方法是寻找南十字座，这是一个主要包含4颗亮星的星座。它是全天88个星座中最小的星座，但却对方位导航起着至关重要的作用。

在想象中画一条线，连接上面的一颗星和下面的一颗星，然后向下延伸，延长线与地平线的交点基本就是正南方。

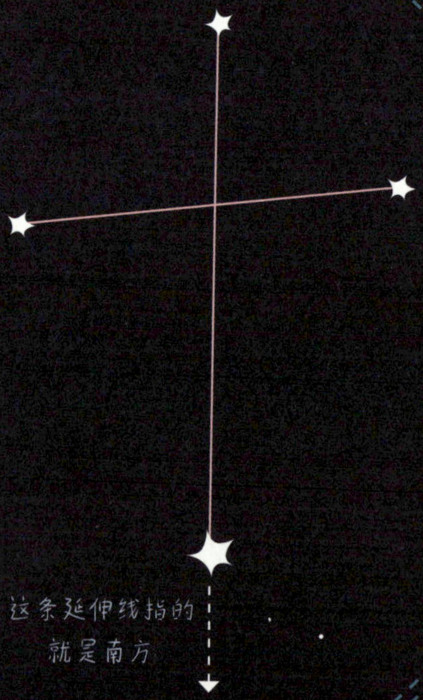

北半球

找到北方

北极星位于北极点的正上方，是夜空中位置几乎不变的星星。首先找到北斗七星的位置，沿着北斗七星末端的两颗星星一直往上看，你就能发现这颗星星了。

北极星是位于小熊座末端的那颗明亮的星星，它指向北方。

北斗七星看起来就像一口深煮锅，它是大熊座的一部分。

找到南方

在猎户座中，猎户的腰带是由三颗紧密相连、排成一排的星星组成的，找到这三颗星星，也就找到猎户座了。猎户座的剑尖，或者说垂下来的腰带，指向南方。

猎户座东升西落。

猎户座的剑尖指向南方。

猎户座腰带右边的星星指向东方。

做个蝴蝶喂食站

给蝴蝶提供一个色彩缤纷的喂食站，
让它们尽情享用美味佳肴吧。

你需要

- ★ 旧盘子
- ★ 花盆挂钩或麻绳
- ★ 弹珠或小鹅卵石
- ★ 自选的彩色装饰物：丝带、颜料、绢花等

美丽的蝴蝶

蝴蝶可以给花朵传播花粉，而且它们的翅膀颜色亮丽，闪烁迷人，观察起来特别有趣！

1

找个能盛放液体且不会洒出来的旧盘子，往里面放入小鹅卵石或弹珠，可以让蝴蝶落在上面。

2

把花盆挂钩固定在盘子上，也可以上网搜一搜，怎样用粗线或麻绳为盘子做一个基础的编织吊篮。

3

蝴蝶会被五颜六色的物体吸引，所以用丝带、颜料、绢花等把盘子和挂绳好好装扮一下吧。色彩越鲜艳，效果就会越好！

留心观察蝴蝶生命周期中的各个阶段吧！

卵

找到这些粘在叶片和茎上的东西吧。

幼虫

幼虫的形状和大小各不相同。在树叶之间，找到这些大口咀嚼的饥饿幼虫吧。

蛹

它很难被发现，因为幼虫会在树叶或树枝下面，找个安全、隐蔽的地方，形成一个坚硬的壳，也就是蛹。

成虫

经过几周的发育，蛹破茧而出，变为成虫，也就是蝴蝶！等到翅膀变干，蝴蝶就可以展翅飞翔了。

蝴蝶还喜欢熟透或腐烂的水果。

你也可以在盘子里盛满水，把这里做成蜜蜂、鸟和其他会飞的动物的饮水站点。

4

把盘子挂在树枝或阳台的阴凉处。现在往里面倒入“花蜜”，看看能引来多少种蝴蝶吧。

怎样做“花蜜”

* 在锅里倒入1杯白砂糖和4杯水。
* 请家长帮忙，将混合后的液体放在灶台上煮沸。
* 一直煮到糖完全溶解为止，然后将液体冷却至室温，就可以用啦。

搜寻食物

在大自然中寻找各种各样的食物。

大自然的馈赠

搜寻食物的意思就是在野外寻找、采集免费的、可食用的食物。你在超市里看到的很多物品，同样也可以在野外找到。这些是你能找到的可以食用的水果或野菜。

海棠果

海棠果通常太酸了，不能生吃，但特别适合做成甜点来吃。

熊蒜

熊蒜的叶子有淡淡的蒜味，可用于烹饪。

蒲公英

它的叶子和花可以用来做沙拉。

野草莓

从茎上摘下来可以直接吃，也可以用来做甜点。

乌蛤

乌蛤可以在沙滩上找到，是一种可以食用的软体动物。煮熟后，通常再加点儿盐和醋，就是一道小吃。

薄荷

薄荷叶可以泡茶，也可以直接咀嚼，嚼起来口感清新。

雏菊

可以用它做三明治、菜汤或沙拉。

海蓬子

它的味道是咸的，叶子呈海藻状，可以在海岸边找到，欧洲人常在煮鱼的时候加入海蓬子。

警告

菌菇虽好吃，但有些是致命的。很难去分辨哪些菌菇吃起来安全，所以千万别吃野生菌菇，除非是经专家鉴定过的。

采摘指南

出门采摘植物时，请遵循以下指南，做个有责任心的采摘者。

- 你需要百分百地确定你找到的是什么植物。
- 有些植物只能在一年中的某些时节吃。所以随身带一本指南或者与一位专家同行，以便研究或者请教。
- 找到允许采摘的地方。
- 在多个不同的地点采摘，每个地方少采一些，这样植物还可以继续生长，也便于留一部分给野生动物吃。
- 别在靠近马路或污染源的地方采摘。

泡杯蒲公英茶

用蒲公英叶子泡一杯茶，静心又宁神。

如果是泡茶喝，采摘蒲公英叶子的最佳时间是在秋季。此时的蒲公英已经完全成熟，积蓄的养分最多。

春季的蒲公英鲜嫩、水分充足，叶子和花能当蔬菜吃，热炒、凉拌都可以。

提示

虽然蒲公英茶可以明目，但是蒲公英性寒，长期或大量饮用容易引起胃肠道不适，一定不能多喝。容易过敏、体质虚弱的小朋友更要慎重饮用哦！

1. 采完叶子后，用温水清洗叶片，去除虫子、泥土和其他杂草。

2. 请家长帮忙，往锅里倒入3杯水，然后放到炉子上煮沸。再往锅里加入新鲜的叶子，小火煮10～15分钟。

3. 用筛子把茶水过滤到一个马克杯中，加一勺蜂蜜调味。然后，品尝美味的蒲公英茶吧。

蒲公英花朵一般呈黄色，花朵凋零后会长出白色的绒球，它就是蒲公英的果实，底部是种子。风一吹，飞向天空的绒球就变成了一个个降落伞，将种子带到别处落地生根。

采摘黑莓

在林地和树篱中探寻，找到鲜嫩多汁、清香四溢的黑莓吧。

采摘时刻

采摘黑莓的最好时节是夏末秋初。黑莓一开始是红色的，成熟后颜色会加深，变成深紫色或黑色。成熟的黑莓很容易从茎上掉下来。采摘时，如果需要费力拉拽，说明它还没成熟。

黑莓可以跟酸奶搭配起来做早餐，还可以做黑莓碎之类的美味甜点。千万记得，要先洗干净再吃哟。

当心有刺！

采摘时，记得多带一些盛放黑莓的容器。

提示

别采摘离地面太近的黑莓，因为那个高度是狗狗撒尿的绝佳高度！

你是哪种动物冒险家？

回答下面的问卷，找到最能代表你的
冒险精神的动物。

1 周末，我会做什么？

A.在家里，窝在沙发上

B.尝试做一种新菜

C.叫上朋友们，举办一场盛大的派对

D.翻看记事簿，发现有很多想去的地方

2 有人问我敢不敢去跳伞？

A.不，绝不会去，我还没疯呢

B.也许吧，如果有人花钱请我去的话

C.我会去的，但前提是我的朋友们也要跳

D.出发吧！还等什么呢

3 我最喜欢的季节是____。

A.冬天

B.秋天

C.夏天

D.春天

4 如果可以去任何地方旅行，我会去什么地方？

A.读一本书，书可以带我去世界上任何地方

B.离家乡近的地方

C.新奇又刺激的地方

D.外太空

5 我最喜欢的冰激凌口味是____。

A.香草味

B.咸焦糖味

C.巧克力坚果味

D.枫糖浆培根味

6 我穿衣打扮一定少不了的是____。

A.连体衣

B.墨镜

C.闪光装饰片

D.登山鞋

7 我要把卧室的墙涂成什么颜色？

A.天蓝色

B.叶绿色

C.橘红色

D.亮黄色

选A多的人

你是

海狸

家就是你的城堡！为什么还要到别的地方去呢？你可以和家人一起，或者自己动手，把家布置成令你心动的样子。不需要环游世界，你也能体会冒险的感觉。但面对新的体验，还是要保持开放的心态。

选B多的人

你是

猫

你就像充满好奇的猫科动物，喜欢去探索新的地方。不过话说回来，待在家里，沐浴在阳光下，美美地睡个长觉，也会让你乐在其中。做个有趣的活动计划，可能会让你觉得有点儿累，但请不要因此而放弃。

选C多的人

你是

海豚

海豚会和家人、朋友在一起，成群结队地在海洋里游弋。你生性爱玩，能量充沛，喜欢探索和尝试新的事物，但请不要害怕独自去发现那些超酷的地方和有趣的活动。

选D多的人

你是

信天翁

你就像信天翁一样，随心而行，一直在路上。你像鸟儿一样自由，很少会在一个地方驻足，但也要适当休息和放松。

勇敢的冒险家，请一往无前

想象有一位记者要采访你，你会说些什么？

哪3个词最能形容你？

画一张你的个人肖像，或者剪下一张大头照片，粘在这里。

你会带谁去冒险？为什么选他们？

你最喜欢的名言是什么？

你最喜欢哪个季节？为什么呢？

你更喜欢……

圈出你的答案。

甜的还是咸的？

温暖的炉火还是火辣的阳光？

提前计划还是随机决定？

番茄酱还是蛋黄酱？

夜晚还是白天？

跑步还是爬山？

薄煎饼还是华夫饼？

宅在家里还是出去玩？

读书还是看电影？

唱歌还是跳舞？

下雨天还是下雪天？

开胃菜还是甜点？

什么事情会让你激动不已？

....
....
....
....
....
....
....
....
....
....

到目前为止，你经历过最棒的一次冒险是什么？

....
....
....
....
....
....
....
....
....

讲个恐怖的篝火故事

学习如何讲一个令人毛骨悚然的故事，让围坐在篝火旁的人们感到惊险刺激。

篝火故事

真正恐怖的篝火故事，不只在于你讲了什么，更在于你是怎么讲的。要想吓着你的朋友，你就要用上你的肢体动作、表情和声音，将故事讲得活灵活现。

提示

讲故事时，要凝视听众的眼睛，并将手电筒的光照在你脸上，制造出一抹令人不寒而栗的阴影。

设置场景

你刚刚听到树林里的声音了吗？是动物发出的，还是什么更可怕的东西发出的呢？在讲故事之前，先制造悬念，把所有人的注意力都吸引过来吧。

记住，你要讲的是一个“真实”的故事。“真实”的故事会让人觉得这些可怕的事情也会发生在自己的身上。啊呀！

给故事讲述者的建议

严肃一点——没有什么比讲故事的时候笑场更能破坏恐怖氛围的了！练习面无表情地讲述故事。

构思一种怪物

恐怖故事的灵魂是你塑造的怪物形象。它可以是一只怪兽、一个幽灵，或者是外星人。甚至你故事中的怪物在刚出场时是一个看起来天真善良的普通人。

细节可以模糊一些。最开始的时候，别给太多的提示，这会让故事变得更有悬念。因为随着故事情节的推进，你营造出的不确定性和恐惧感会逐渐增加。

最后，你揭开了怪物的真面目，故事也就走向了大结局。你故事里的主人公可能会与怪物斗争，也可能让怪物逃跑了。还有可能，它还在那里……原地等待。

表演出来

不同的语调和语速会让你的故事听起来感觉大不相同。在紧张激烈的桥段，先加快你的语速，然后慢下来，语调变得轻柔，再突然停顿。之后，伴随着“咚——咚——咚——”的声音，烘托出极度紧张的气氛，这时候，就是跳出来吓吓大家的最好时机：“嘘！”

感官

我们通过感官来感受世界。要想让你讲的故事更加鲜活生动，别忘记用下面各种感觉来描述。

视觉

听觉

触觉

味觉

嗅觉

老鼠　暴风雨　奇怪的声音

创作一个恐怖的篝火故事

在这里尽情地创作吧。

提示

故事的开头、中间和结尾需要清晰明确。

毒蜘蛛　停电　狂风　嗒嗒的脚步声　墓碑

弃屋　嘎吱作响的门　尖叫声

蝙蝠　眼珠会动的肖像画　狼人

鲨鱼

会说话的布娃娃

折断的树枝

蜘蛛网

移动的影子

其他描写恐怖的词语

吓呆了

怪异吓人

毛骨悚然

骇人

六神无主

阴森恐怖

心惊胆战

不寒而栗

蛇　月光

出发，去观察鸟类

看看你能发现多少种不同的鸟类吧。

鸟类随处可见——它们是最容易见到的野生动物。拿出你的双筒望远镜，看看身边有多少种不同的鸟类吧，然后把它们画下来或者拍下来。

世界上飞得最快的动物！

游隼

分布范围：世界各地

喜鹊

分布范围：欧洲、亚洲

北美红雀

分布范围：美洲

羽毛超级软，飞起来没有声音。

仓鸮

分布范围：世界各地

翠鸟

分布范围：欧洲、亚洲、北非地区

葵花凤头鹦鹉

分布范围：大洋洲、东南亚地区

北极海鹦

分布范围：欧洲、北美洲

苍鹭

分布范围：欧洲、亚洲、非洲

最小的鸟类。

蜂鸟

分布范围：美洲

拟态专家

澳大利亚的华丽琴鸟几乎能模仿任何声音，从其他鸟类的叫声，到电锯声、相机快门声、火警声和狗叫声，等等。快上网查一查吧！

喂鸟

自己做一个鸟类喂食器，给鸟儿提供一些冬季美食。

你需要

★ 一颗大松果
★ 线或绳
★ 搅拌碗
★ 鸟食
★ 葡萄干
★ 猪油或牛羊脂

1

选一颗个头较大的干松果，在顶部系上一根线或绳子。注意，一定要系紧。

2

将鸟食、葡萄干和室温下切成碎块的猪油或牛羊脂，倒进搅拌碗里。持续搅拌，一直搅到所有鸟食都粘在油脂上为止。

3

把这些黏黏的混合物加到松果上。加好后，把松果放在冰箱里1小时左右，等待油脂变硬。

4

打个双套结（见第14页），把鸟类喂食器挂在窗外，观察哪些鸟类会过来品尝。

注意

众所周知，乌鸦特别聪明，会给那些定期投喂它们的人带来礼物。礼物通常是石头、骨头、钥匙或者别人掉落的耳环。

看云辨天气

认识不同种类的云，预测天气！

云的种类

云的形状和大小各不相同。根据外形，可以将它们分成两类：成堆的叫积云，片状的叫层云。

变化的云

夏天，你可以躺在户外的草坪上，凝望天空。看着云朵飘过，你发现了什么？船、龙或者马群……用你看到的云朵形状，编个故事吧！

设计一个寻宝游戏

看看你的小伙伴们能不能找到清单上的所有物品。

照片为证

参加寻宝游戏的人需要给清单上的所有物品拍照。确保每人一部可以拍照的相机或手机。

寻宝进行时

寻宝游戏就是在规定的时间内，找到清单上的所有物品。你需要打印足够多的清单，以便每人或每支队伍能拿到一份，然后把大家带到不同的地点。

- ☐ 最大的树枝
- ☐ 蜘蛛网
- ☐ 闪闪发光的东西
- ☐ 遛狗的人
- ☐ 3种不同的鸟类
- ☐ 动物足迹
- ☐ 松果
- ☐ 鸟巢
- ☐ 黄色的东西
- ☐ 种子
- ☐ 雕像
- ☐ 长凳
- ☐ 形状奇特的云朵
- ☐ 蜗牛

寻宝游戏还可以换种玩法，比如让大家收集清单上的物品。

奖赏

准备一份奖品，颁给获胜方，作为他（们）争分夺秒、来回奔波的奖励！

亲自设计

在这里写一份清单，包含更多的物品，或者写一些线索，让你的朋友们一起来解谜吧。在列清单时，要把你选择的地点也考虑在内，可别让人到大森林里去找贝壳哦！

雨天寻宝

下雨天，你可以在室内玩寻宝游戏。想一个寻宝游戏的主题，比如海洋，或者森林，然后根据这个主题来确定清单上的物品。

搭建障碍赛场

搭建一个惊险刺激的场地，和朋友们尽情地跳跃、奔跑、爬行吧！

提示

用粉笔或胶带标记比赛场地，或者写一份场地说明。

设计一个障碍赛场

在这些障碍游戏中寻找灵感，然后利用室内或户外能找到的任何材料，自己做一个障碍赛场吧。

活动场地

选择一块场地，在里面可以进行某种活动，比如把球投进篮子里，或跳舞。也可以让别人对你发出指令，你做出相应的动作，就像“我说你做”游戏一样。

岩浆地板

如果下雨地面湿滑，没法在外面进行活动，你也可以在家里搭建一个。想象你家的地板都是用岩浆做的，不要碰地板，看看你能在房间内走多远！

计时开始！

一旦你对场地了如指掌，就可以增加挑战难度啦，看谁能最快完成挑战！用秒表计时，看你能否打破自己的纪录。

做个吊床

自己动手，做个舒适的户外吊床，来放松身心。

你需要

- ★ 旧床单
- ★ 伞绳
- ★ 长绳
- ★ 两棵结实的树

1

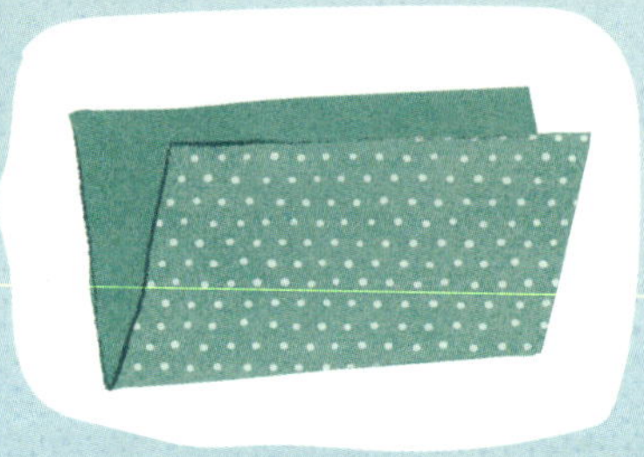

跟家长借一条旧床单，把它从中间纵向对折。

2

继续纵向对折，直到将床单的宽度折到15厘米左右为止。

3

将床单的一头在30厘米左右的地方向下弯折，用伞绳在上面紧紧缠绕10圈。打个双结固定好。

4

让一根绳子从开口处穿过，绕一个环。

5

将绳子散开的那一端从绳环中穿过，然后拉紧。再在床单的另一端，重复一遍步骤3至5。

6

现在，将吊床的两头分别系在两棵距离不太远的粗壮树干上。

7

两头都系紧后，就可以把床单打开了，出现在你眼前的就是你亲手做的吊床啦。

翻到第14页，查看打绳结的方法。

林间吹过的风

轻快飞过的鸟儿

放松一刻

经历了那些激动人心的冒险后，现在花点儿时间放松下来。躺在吊床上休息时，让自己只关注当下，充分调动身体的感官，感受身边世界的美好。

柔软舒适的毯子

凉爽的饮料

花草的芳香

探索树木

树的种类

树的种类成千上万，但主要分成两大类——阔叶树和针叶树。阔叶树有常绿类或落叶类。落叶类每年都会落叶并长出新叶。而针叶树的叶子常年不落，这也让它们得到了“常青树”的称号。

阔叶树

针叶树

“巨人树”

美国一棵名为“亥伯龙神”的海岸红杉被吉尼斯世界纪录认证为世界上最高的活树，高达115.92米。

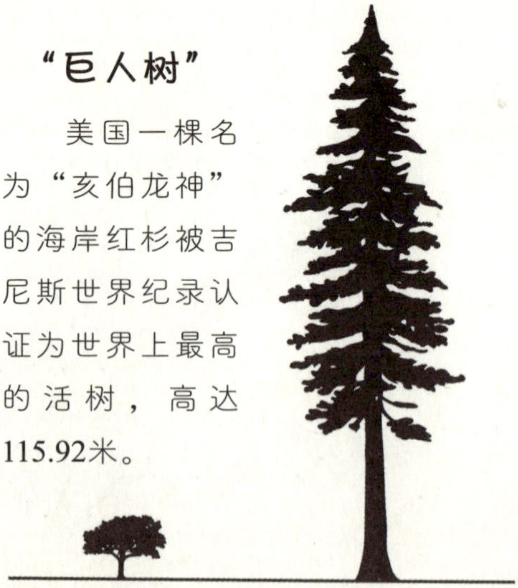

数年轮

树被砍倒后，数一数年轮，就知道它有多大年纪了。一圈颜色较浅的年轮加一圈颜色较深的年轮就是树生命里的一年。

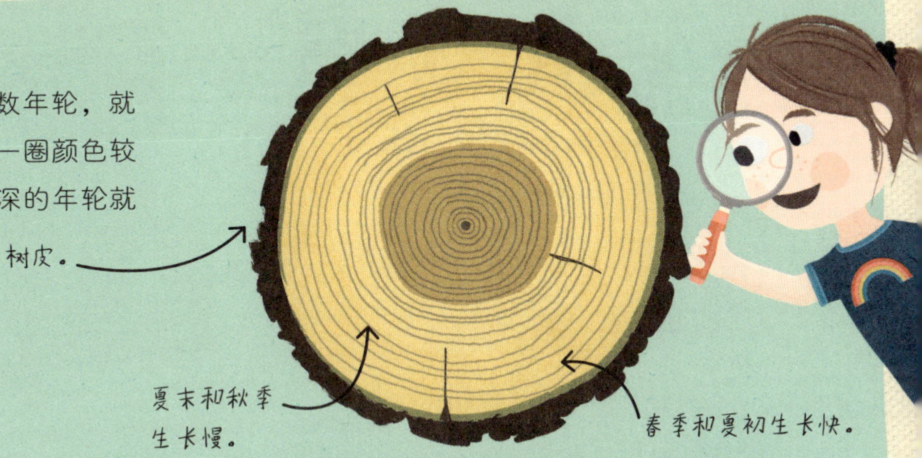

种子

看看你能发现多少种不同的树的种子吧。有的种子长了翅膀，能在空中飞。还有的种子隐藏在带刺的外壳中。

种树

一起来种树吧，树能吸收二氧化碳和其他污染废气，并释放氧气，改善环境。

森林浴

试一试森林浴吧。花点儿时间，去森林呼吸新鲜空气，静静地感受身边的动植物，这会让你身心放松。

创作树叶画

你可以尝试用不同的方法来创作树叶画。

你需要

★ 树叶
★ 厚画纸
★ 白色蜡笔
★ 画刷
★ 水彩颜料

树叶拓印

只需白色蜡笔、水彩颜料，再加上一片普通的树叶，你就能尝试拓印艺术了。

提示

挑选叶脉突出的叶子，这样你的艺术作品会在纸上更清晰地被呈现出来。

1

收集一些叶子。将其中一片放在厚画纸下面，然后用白色蜡笔在覆盖叶子的纸上涂擦。

2

挪动纸下的叶片位置，或者在纸下再放一片叶子。继续用蜡笔涂擦放了新叶子的地方，直到涂满整张纸为止。

3

现在就到了最好玩的时刻啦。用大量的水彩颜料，在纸上涂一层薄薄的色彩。白色蜡笔中的蜡不溶于颜料，涂擦出的叶子轮廓会瞬间在纸上显露出来。

用不同种类的叶子和不同的背景颜色，再创作一幅作品吧。

树叶压印画

在带有纹理的叶子上，涂上颜料，创作出惊人的压印画效果。

❶

用任何一种手边现成的颜料，在一大片叶子的背面涂上颜色。用水彩颜料涂抹的效果最好。

❷

将涂了颜料的叶子背面小心地在纸上压几秒钟，再慢慢拿走叶子，纸上就留下叶子的印记。试着在一张纸上压出多种不同叶子的印记。

树叶拼贴画

收集各种形状的叶子，创作一幅拼贴画吧。画个草图，在上面贴上叶子，做个有趣的树叶动物。

冒险活动清单

下面这些冒险活动，哪些是
你想去尝试的？

- ☐ 攀岩
- ☐ 看日出

- ☐ 骑山地自行车

勾选所有符合的：

- ☐ 爬山
- ☐ 玩滑翔伞
- ☐ 参加节日庆典
- ☐ 骑马
- ☐ 潜水
- ☐ 品尝一种新食物

- ☐ 在星空下露宿
- ☐ 做篝火晚餐
- ☐ 在家乡做导游
- ☐ 种树
- ☐ 培养一个新的爱好

- ☐ 玩飞盘
- ☐ 漂流
- ☐ 驾驶帆船
- ☐ 滑雪
- ☐ 去湖边钓鱼
- ☐ 环游世界
- ☐ 看极光

- [ ] 蹦极

- [ ] 随手做件好事
- [ ] 寻找化石
- [ ] 跳伞
- [ ] 洞穴探险
- [ ] 徒步旅行
- [ ] 荒岛旅行
- [ ] 公路骑行
- [ ] 游览国家公园
- [ ] 坐恐怖的翻滚过山车

- [ ] 冲浪

- [ ] 玩皮划艇

- [ ] 参加狂欢节

- [ ] 种菜

- [ ] 穿越丛林
- [ ] 学习一种新语言

列出其他你想尝试的活动

荒岛求生

完成测验，看看你是否具备在荒岛上生存的能力。

1. 如果你独自一人在一座荒岛上，现在要怎么办？

A.这简直就是噩梦！我的手机也不见了

B.是时候来探索这座岛啦

C.开始从失事船只的残骸中收集有用的物品

2. 你太渴了！

A.好消息是，大海里有足够的水，对吧

B.我找到椰子啦——它既能当食物，也能当水

C.我在收集雨水，而且我在附近找到了一条河

3. 天要黑了……

A.太吓人了，不过至少这里有椰子

B.夜晚的景色很不错

C.我要努力生火

如果你被困在了荒岛上，下面是你要做的事情的优先级：

1. 寻找水源
2. 搭建庇护所
3. 生火
4. 寻找食物
5. 发送求救信号
6. 自制工具

选A多的人情况不妙

好吧，你做出了选择。但不幸的是，这些选择并不太好。你可能会被困在那里一段时间，也可能不止一段时间……

4 你要在哪里睡觉？

A.这时候谁还能睡得着觉

B.躺在星空下，我可以每天晚上换不同的地方睡觉

C.我靠着这棵树，建了一座棚屋

5 是你的肚子在咕咕叫吗？

A.我吃了找到的这些浆果，但现在我感觉有点儿不对劲

B.我正在尝试以椰子为主食

C.我抓了一条鱼，正准备放在火上烤

6 现在，你肯定觉得很孤单。

A.是的，我恨不得马上飞奔回家

B.才不是呢，我跟那里的野生动物们都成了朋友

C.我只关注下一步要做的事情

7 释放个求救信号怎么样？

A.我已经喊了好几个小时了！救命……

B.谁需要求救？一切尽在掌握之中

C.我用木棍和石头在海滩上拼了个“SOS（紧急求救信号）”的标志

选B多的人
幸存中

又是美好的一天。这里风平浪静，对你来说，一切都已准备就绪。是的，你还活着呢，可你毕竟不是这方面的专家，是时候去寻找帮助了。

选C多的人
回家

谢天谢地，飞机上的人看到了你留下的信息——你得救了！你能保持冷静，并把注意力放在要事上，这样很好。

月相的变化

跟踪记录每个月中月亮形状的变化。

月有阴晴圆缺

你可以通过月亮的形状来判断它的盈亏。月盈时（月亮被照亮的部分越来越多），月亮像字母D，而月缺时，月亮则像字母C。同一时间，南北半球的人看到的月亮是不一样的。

形状和阴影

我们只能看到月亮的一个面，所以人们对这一面的斑块了如指掌。人们从月球的暗斑处能看出类似面孔、树、人、手和动物等形状。当你看向月亮时，你能看到什么呢？

超级月亮

新月或满月的时候，如果月球刚好在距地球最近的位置，就会出现超级月亮。超级月亮比平时的月亮约亮30%、大15%。

月亮也疯狂

古代欧洲人常把满月和动物的一些奇怪行为联系在一起。在英文中，“lunacy（精神错乱）”这个单词就来源于拉丁文中的“luna（月亮）”一词。这可以解释有关狼人的神话传说——在满月的照射下，人会变成狼。

做个日晷

根据太阳投射的影子位置来判断时间。

你需要

- ★ 阳光明媚的一天
- ★ 一根长棍
- ★ 12块石头
- ★ 手表

古代钟表

在钟表和电子设备被发明以前，人们用日晷来判断时间。日晷是通过太阳的方位和影子的位置来测量时间的。

提示

这项活动适合从一大清早就开始进行。

1

将一根长棍插入地面，使它保持直立。

2

看着手表，每到一个整点，就在棍子的影子处放一块石头。

3

持续观察一天。每隔一个小时，就用一块石头标记好影子的位置。

你知道吗？

在几千年前，人们就开始使用日晷记时了。

做个风向标

看看风往哪边吹。

你需要

- ★ 选择一个有风的日子
- ★ 卡纸
- ★ 笔
- ★ 吸管
- ★ 剪刀
- ★ 橡皮头铅笔
- ★ 大头钉
- ★ 黏土（或胶泥）

1

在一张方形卡纸上，用笔标记好指南针上东南西北4个方向。将一团黏土粘在卡纸的正中间，再把一根铅笔插上去，立在那里。

2

用剪刀在吸管的两头各剪一个斜口。再拿出一张卡纸，分别剪出三角形和扇形的形状，当作箭头和箭尾，然后把它们固定在吸管的两端。

3

将大头钉从吸管中间位置穿过，并插进铅笔上的橡皮头里。看看风往哪边吹？

连续记录一周的风向。观察风最爱往哪个方向吹。

指南针上的标识

指南针上的N、E、S、W是英文North、East、South、West的首字母，分别表示北、东、南、西。

地质学初探

了解不同种类的岩石和矿物质，看看它们是怎样形成的。

月球主要由岩浆岩和变质岩构成。

玄武岩有时会形成六边形高柱。

收集岩石

岩石共分为3类：岩浆岩、沉积岩和变质岩。你能收集几种岩石？

岩浆岩

它又叫火成岩，它的英文（igneous rock）中的“igneous”源于拉丁文的“igne（火）”一词。这种岩石是熔岩冷却和硬化后形成的。

举例：花岗岩、黑曜岩、玄武岩

去哪儿找：火山、山区或地底深处

沉积岩

它又叫水成岩，是由风或水将其他岩石碎片、矿物质和沙子带到一个地方，经过多年层层挤压而形成的新岩石。

举例：石灰岩、砂岩、页岩

去哪儿找：海岸边和水体附近

你能够在找到的化石中发现沉积岩。

埃及的狮身人面像是埃及人4500多年前用石灰岩雕刻而成的。

变质岩

变质岩是岩浆岩或沉积岩受温度和压力的影响，慢慢演化成一种新的岩石。这种岩石的外观通常是条纹状的。

举例： 大理岩、片麻岩、板岩

去哪儿找： 山脉、地底深处

生辰石

在一些国家和地区的文化中，人们认为每个月份都有一种对应的幸运宝石。

地球岩石的秘密

许多宝石在被打磨之前看起来就是一块普通的有色石头。直到被切割、塑型、抛光之后，它们闪闪发光，熠熠生辉，我们才发现原来这是宝石！

挖掘化石

沿着海岸，去寻找化石吧。

什么是化石？

化石是指经过几百万年的时间，生物留存下来的遗体、遗物或遗迹，如骨头、牙齿、贝壳、脚印、琥珀等。化石遍布在地球各大洲，主要分布在沿海地区，这是因为那里的岩石常被海水腐蚀。看看你能发现什么吧！

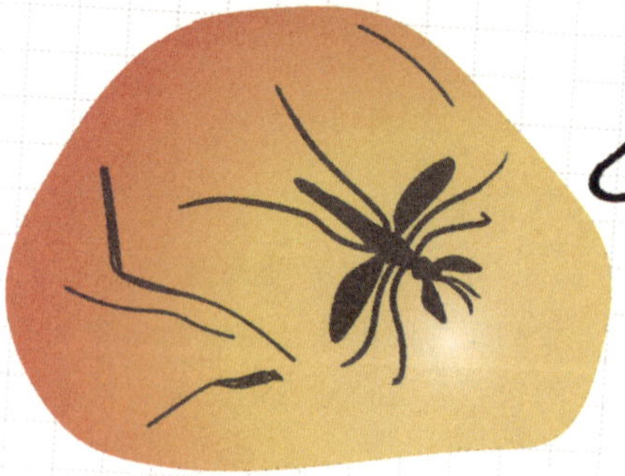

琥珀

一些古老的植物和昆虫会在树脂里完好地保存下来。树脂是一种黏性树液，硬化后就成了琥珀，琥珀是一种生物化石。

“挖出”远古时代

对恐龙化石的研究，是古生物学的研究课题之一。在大多数情况下，人们挖出来的骨骼都是错位的，所以古生物学家需要像拼拼图那样，把骨头拼起来。

自己做“化石”

用盐面团，自己做“化石”。

你需要

- ★ 一杯盐
- ★ 一杯面粉
- ★ 搅拌碗
- ★ 羊皮纸
- ★ 一些能压印的物品

留下印迹

你可以自己做个化石，看看史前生物是怎样陷入泥中变成岩石的。这些生物遗体分解后，就在地上留下了印迹。

1

在面粉中先加入半杯盐，将两者混合均匀。然后慢慢加水，开始搅拌。继续加水和盐，直到面团成形，不那么粘手。

2

取一些面团，揉成球状，然后放到一张羊皮纸上，压成饼状。

提示

在干面团上涂抹冰啤酒，可以给你的化石增加年代感。

3

现在，选择要压印的物品。可以是贝壳、树叶、恐龙玩具或其他什么物品。把它压进面团中，然后取出，面团上就会留下压印了。

4

将面团放置数天，等待其干燥。或者把它放进烤箱中，180℃烤20分钟。

神秘的生物

下面是一些传说中的生物，它们来自人类的想象。

神奇动物

神奇动物是来自神话传说中的怪物。有人说，荒野里就生活着这些怪物，只不过它们很擅长躲避人类；也有人说，它们根本不存在。

有种说法认为，仙女和铁会互相排斥。

仙女

仙女的个头小小的，有时长着翅膀，是童话或传说中的一种精灵。

小矮人

这些小矮人生活在地底下，被认为可以像在水中一样，在泥土间轻松穿行。他们会被地面上那些闪闪发光的东西所吸引，比如宝石。

树精

树精生性害羞，行动神出鬼没，据说他们和所依附的树一样长寿。

山中巨怪

传说山中巨怪就住在山上或山洞里，对人类并不友好。它们会避开日光，因为日光会令它们石化。

雪人

体形硕大的类人猿生物，长着毛茸茸的白毛，据说在喜马拉雅山中曾多次发现它们的踪迹。不过它们尚未被证实真实存在。

美人鱼用迷人的歌声来诱惑人类。

美人鱼

世界各地都有很多关于看到美人鱼的传闻。美人鱼长着人类的头部和上半身、鱼类的尾巴。它们被认为既友善又邪恶。

凯尔皮（kelpie）也是一种会变形的水怪，但不像其他水怪那样会伤人。

水怪

尼斯湖水怪是最著名的水怪之一。尼斯湖位于英国，有人说曾在这里看到水怪出没，它的样子类似蛇颈龙。水怪是否真实存在，至今未得到证实。

观察野生动物

看看你能找到哪些野生动物。

动物观察者

在本页空白处，记录下你在大自然中观察到的动物。分别在白天和晚上，到外面去看看——你能看到不同的动物吗？把它们画下来，或者把你拍的最好看的动物照片贴在这里。

在这里记录下任何你能听到的动物的叫声。你能分辨出所有的叫声吗？

你有没有注意到，在光线照射下，不同动物的眼睛会发出不同颜色的光？

藏身之处

很多敏锐的动物观察者和动物摄影师会用伪装过的小型庇护所当作“藏身之处”。他们可以安静地坐在里面观察动物，而不会惊扰动物。

与大自然交朋友

鼓励他人尊重和爱护我们的户外空间。

户外准则

进行户外活动是每个人的权利，但同时也需要保护我们的地球。随手带走垃圾、回收垃圾，不用一次性物品等，这些都是保护环境的好方法。

减少垃圾

重复使用

回收利用

自己设计一张传单，也可以参考这份来做。

明确规定大家是否需要自带工具。

组织一场清洁活动

叫上热爱大自然的朋友一起，加入你的清洁小分队。制作传单，分发出去，让其他志愿者加入进来。你们需要带上能装重物的袋子、工作用的手套，以及永不放弃的坚定意志！

怎样与大自然交朋友

- 带一个可重复使用的水瓶。
- 离开时带走所有物品，别落下什么东西。
- 带一个袋子，这样你就可以把路上看到的垃圾装进去。
- 不要喂食或接近野生动物。

只带走回忆，只留下脚印。

做张种子卡

送出一张会“生长”的卡片。

保护树木

为了造纸，每年都会有数万平方千米的森林遭到破坏。回收利用纸张有助于解决这一问题。用纸和种子制作可种植的卡片，帮助植物生长。

你需要

- ★ 可回收的纸：旧报纸、餐巾纸、鸡蛋盒、旧信件等
- ★ 温水
- ★ 野花的种子
- ★ 干海绵、毛巾或布料
- ★ 大的塑料盒盖或羊皮纸
- ★ 筛子或过滤器

1

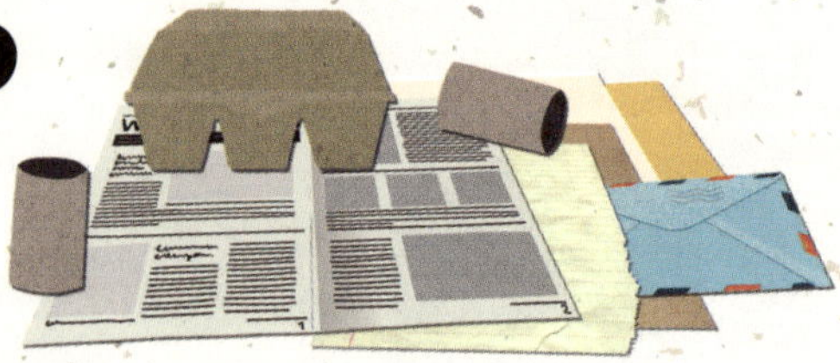

收集一堆可回收的纸，可以是旧信件、餐巾纸、鸡蛋盒、厕纸筒或旧报纸。

2

把所有纸撕成小片，放进搅拌机中，再加点儿温水。加入的水量是纸的两倍。让纸在水里浸泡1小时，然后搅拌，把混合物搅成纸浆。

3

将野花的种子撒到纸浆中。

4

用筛子筛一下纸浆，尽可能多地把水过滤出去。

提示

在潮湿的环境下，用吹风机吹，可以加速干燥。

5

把纸浆倒在羊皮纸或扁平的塑料盒盖上，并压成长方形的卡片形状，注意纸浆要摊成均匀的薄层。

6

用干海绵、毛巾或布吸收多余的水分，然后，将种子卡片放在一个温暖的地方，等待干燥。一定要记得把卡片翻个面，让两面都干燥。

7

等你的种子卡片完全变干后，就可以在上面做装饰、写留言啦。

种植卡片

除了做长方形的卡片外，你还可以把纸浆压进各种模具中，做个形状有趣的种子卡礼品签，送给亲朋好友。最后把种子卡片种到土壤里，等待种子发芽吧！

学习怎样探路

探索常见路标所代表的意思。

制作路标

做一些路标，让你的朋友来找你吧！你可以用木棍、石头、草等标记方向，也可以在地上画记号。你还可以在终点处放上奖品当作奖励！

做个记号

走在山路上很容易迷失方向，为了帮助别人，人们有时会留下一些记号，帮你“读懂”路线。这些人被称为“开路先锋”。最开始，人们会在树上刻一个记号，当作路标。不过现在，做路标的方式有很多，比如画个符号，或者在树干上系条丝带等。

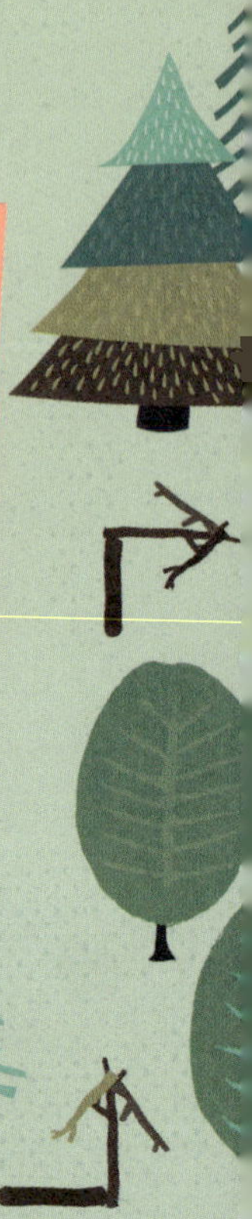

路标符号

从下列符号中挑选一些，来标记你的行踪……

	走这条路	向左转	向右转
木棍			
石头			
长草			

动物领航员

有些动物能感知地球的磁场，从而找到正确的方位。鸽子、蜜蜂、鲨鱼和海龟都有这种超级路感。

注意脚下	危险	走错路啦	终点

折纸飞机

折出最棒的纸飞机。

1

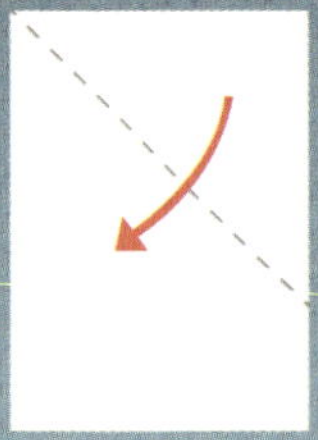

将右上角折到左边，再打开。左上角也这样折。

2

将左角对折到右边对角线的折痕处。右角也重复这个折法。

3

将上面的部分在对角线的交点处折下来。

4

将两个角分别沿折痕对折。折完后，最上面就变成了一个尖角，这是飞机的鼻子部分。

5

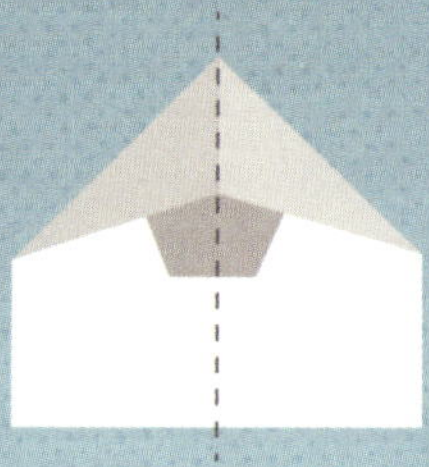

把纸翻过来，从中间对折，注意尾部要对齐。

6

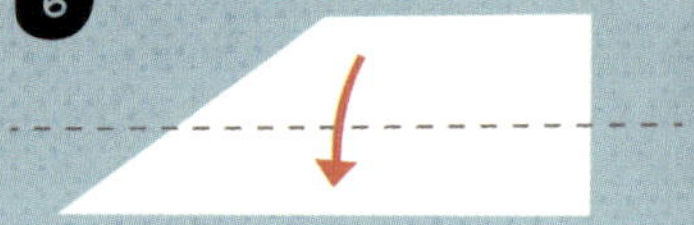

把纸转个方向，并将机翼部分向下折。另一边的机翼也要对齐向下折。

7

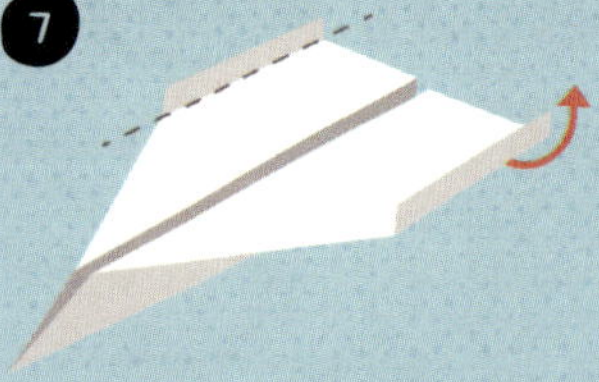

稍微将机翼展开一点儿，并将边缘部分略向上折。

8

握住飞机下面最厚的地方，飞机准备起飞啦！

有些类型的纸飞机还能转圈飞回你的身旁，甚至像蝙蝠那样拍着翅膀飞！你也试试看吧！

像飞行员那样说话

在国际无线电通话拼写字母（又称北约音标字母）中，英文26个字母都各对应一个不同的名称，这样一来，即便是质量极差的无线频道，大家也能很轻松地听明白。用这套音标字母表拼出你的名字吧，这样就没人会搞错啦！

怎样用北约音标字母拼出你的名字呢？

北约音标字母

A	Alfa	N	November
B	Bravo	O	Oscar
C	Charlie	P	Papa
D	Delta	Q	Quebec
E	Echo	R	Romeo
F	Foxtrot	S	Sierra
G	Golf	T	Tango
H	Hotel	U	Uniform
I	India	V	Victor
J	Juliett	W	Whiskey
K	Kilo	X	Xray
L	Lima	Y	Yankee
M	Mike	Z	Zulu

飞机游戏

看看你的纸飞机能滑翔多远吧！提前准备好一把卷尺，测量纸飞机飞行的距离。世界上最远的纸飞机飞行纪录是88米！

准备一大张卡纸，在上面剪出大小不同的洞。每个洞的分值不等，最小的洞分值最高。将纸飞机投向卡纸上的洞，投到哪个洞就得到相应的分数。看看你和朋友能得多少分？

自己动手，种植蔬菜

学会如何种菜。

你需要

- ★ 几个花盆或盒子
- ★ 竹竿或木棍
- ★ 细线或麻绳
- ★ 盆栽土壤
- ★ 种子包
- ★ 牙签
- ★ 卡片
- ★ 剪刀

从种子到沙拉

自己种的蔬菜，不仅吃起来新鲜，还能获得采摘的满足感，而且种菜并不像你想的那么难以实现！你不一定非得有菜园——因为植物也可以在窗台的花盆里生长，只要能接触足够的阳光就行。

1

在花盆里装满土壤，也可以用空盒子之类的东西装满土壤。

2

用剪刀将卡片剪成标签，在上面写下植物的名称，再用胶带把牙签粘到标签上，然后把牙签插进土壤里。

4到6周后，就可以从土壤里拔出樱桃萝卜啦。

3

把种子埋在表层土壤下2厘米左右的地方，种子之间相隔3厘米左右。

4

大约4周后就可以采摘生菜啦。

将花盆放到阳光充足的地方。每天定期浇点儿水，观察它们的生长情况吧！

可以吃的花

有些花是可以食用的，有些还是沙拉绝好的点缀。试着种下这些美味的花朵吧！

注意

在没有经过专家或家长认可的情况下，千万别吃野生植物。

旱金莲

三色堇

木槿

蒲公英

金盏花

番茄

先用小花盆栽种。等幼苗长出大概6片叶子的时候，再把它移到大花盆里。

将竹竿或木棍插入花盆中，以帮助植物生长。待植物长高后，用细线或麻绳把它轻轻系在棍子上。

提示

番茄的颜色由绿变红时，就可以摘啦。

简易食谱

用你自己种植的水果和蔬菜，试试下面这些简易食谱吧。

你需要

- ★ 番茄
- ★ 大葱或洋葱
- ★ 大蒜
- ★ 橄榄油或黄油
- ★ 红糖
- ★ 盐和胡椒粉

番茄酱

做出完美的酱汁，浇在意大利面或比萨饼上吧。

1

将两根大葱（或一头小洋葱）和几瓣大蒜，尽可能切碎。当心别切到手指，也可以让家长帮你切！

2

可以选择添加：辣椒、西葫芦、新鲜罗勒叶。

从番茄植株上摘几个红番茄，切成小块。

3

在煎锅中放入少许橄榄油或一小块黄油，中火加热。将切好的原料倒入锅中翻炒。

4

将番茄块倒入煎锅中，再加一勺红糖、少许盐和胡椒粉调味，不停翻炒，直至炒成酱汁状。将酱汁倒在意大利面上。开始享用你的美味吧！

草莓奶昔

1

摘一些草莓，用冷水冲洗干净。

提示

添加冰块，让奶昔的味道更浓郁、更冰爽。

你需要

做两杯奶昔

- ★ 草莓
- ★ 牛奶
- ★ 酸奶
- ★ 香蕉或其他水果
- ★ 搅拌机或破壁机

你也可以添加其他任何水果。

2

将几颗草莓放到一边，做装饰用。用刀子小心切下其他草莓果柄处的叶子。

3

将处理完叶子的草莓倒入搅拌机中，再加入120毫升牛奶和170毫升原味或其他口味的酸奶。

4 盖上盖子，启动搅拌机，搅拌至液体顺滑时为止。将搅拌好的奶昔倒入两个高玻璃杯中。把带叶的草莓半切，插到杯口上。

往奶昔中插入一根吸管，尽情享用吧！

非乳制品

乳制品的很多替代物，你都可以尝试下，试试椰奶、燕麦奶和杏仁奶。随时可以往奶昔里加入香蕉，让味道更浓郁可口。

去发明创造吧

睁大眼睛，开阔思路——谁知道你能发现什么呢。

保持好奇心

追求冒险，在某种程度上就意味着对新事物持开放的态度，先试试看再说。很多新的发明与发现都来自想知道“如果我这么做，将会怎样”。

灵感来自大自然

很多发明的灵感来源于大自然：首个成功起飞的机器是滑翔机，它的灵感来源于像海鸥这样的鸟类滑翔时展开的双翼；魔术贴的灵感来源于针尾草果实的毛刺。也许，大自然会激发你的下一个发明呢。

偶然的发明

并非所有的发明都早有准备。有些发明纯属偶然！1870年，托马斯·亚当斯用南美洲的树胶做实验，想要做出一种橡胶的替代物。在实验过程中，他将树液放进嘴里嚼了嚼，发现味道还不错，于是口香糖就这样被发明出来了。再来看看其他偶然的发明与发现吧……

微波炉

青霉素

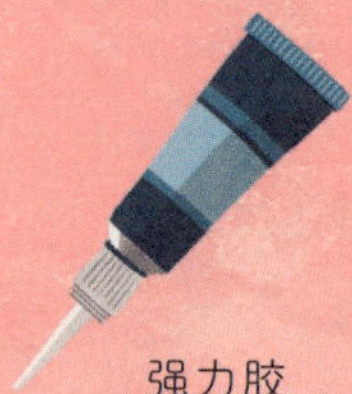

强力胶

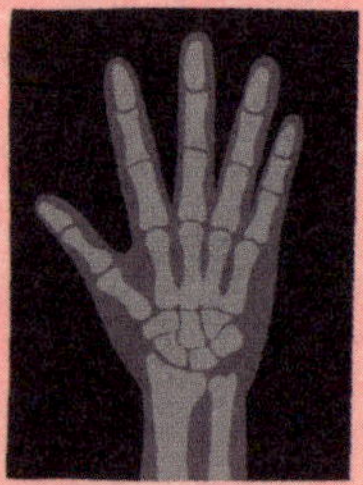

X射线

魔术贴的近距离特写

你知道吗？

很多我们生活中离不开的物品和设备都来自偶然的发现和发明，比如X射线、微波炉、强力胶和青霉素。

种植实验

实验

在不同的光照条件下，你可以做个豆类植物（或其他生长快的植物）的种植实验。哪种植物会长得更快？哪种植物会长得更好？在这里，记录下你的发现吧。

科学方法

- ☐ 观察
- ☐ 提问
- ☐ 设计实验
- ☐ 预测
- ☐ 记录实验结果

人的一生就是进行尝试，尝试得越多，生活就越美好。

——拉尔夫·沃尔多·爱默生

太空探索

一直以来，人们仰望星空，想知道那里究竟有什么……

土星和土星环的形状。

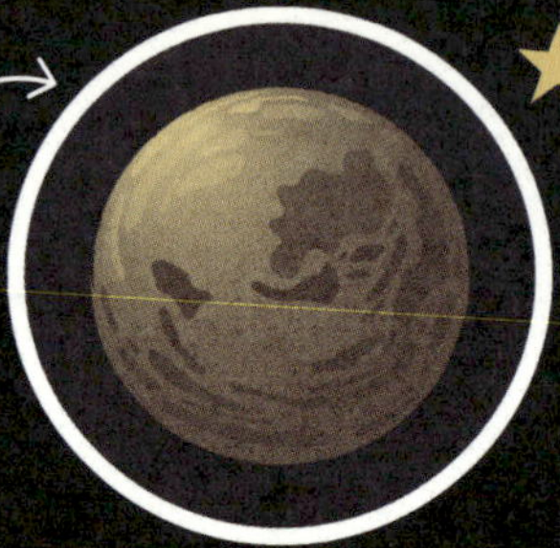

金星。

最远的边界

天文学家伽利略·伽利雷在1609年首次将望远镜对准夜空。从那以后，人们一直在寻找更多的行星，努力探索太阳系最远的边界在哪里。

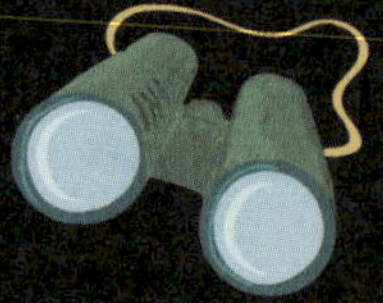

夜空观测

你不需要很高级的望远镜也能探索外面的世界。这些是用双筒望远镜或在天文类软件、天文指南中，就能够看到的夜空。

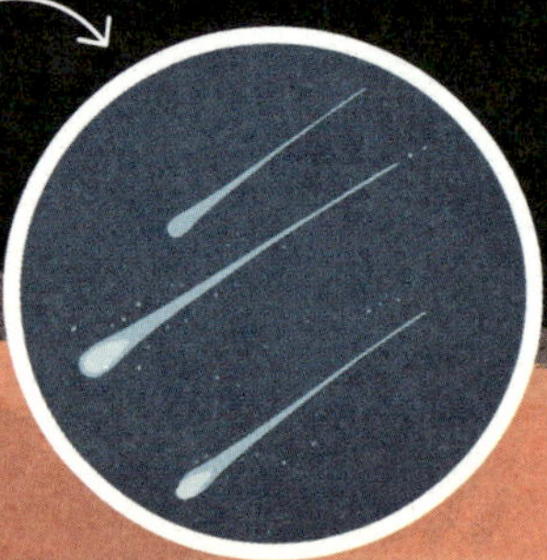

流星。

被卫星包围的木星。

派对行星

水星绕太阳旋转的速度比地球要快得多。住在水星上，每3个月就能过一次生日，那就会有很多蛋糕了！

1957 第一只进入太空的哺乳动物——莱卡犬。

1961 人类的第一次太空飞行——尤里·阿列克谢耶维奇·加加林。

1969 人类首次登上月球。

宇航员的训练

候选人在成为宇航员之前，需要先经历漫长的高强度训练。

你能在高速旋转椅上旋转15分钟吗？

你符合以下要求吗？

- □ 科学、工程学或数学的成绩优秀
- □ 身高在1.5～1.9米
- □ 视力好——视力1.0或以上
- □ 身体健康
- □ 擅长游泳
- □ 具备生存技巧
- □ 能长时间独处
- □ 能承受生理和心理上的双重压力

红色星球

世界各国的太空计划都希望把人类送上火星，在那里创建一个人类的永久居所。也许将来某一天，去火星就像坐飞机远行一样简单。

你觉得将来会发生什么呢？

1998 国际空间站开始建设。

2012 飞进星际空间的首个探测器——旅行者1号！

2030 人类首次登上火星？

整理救生包

准备一个应对各种紧急情况的工具包。

提示

每6个月检查一次救生包里物品的有效期，如果过期了，请及时更换。

把急救箱之类的物品放在救生包的最上面一层，这样你就能快速拿到了。

重要的物品放在好拿的外侧口袋里。

出门在外，携带充足的水很重要。

紧急哨声可以让离你很远地方的人听到。

强力胶布可以用来修补东西、搭建棚屋、制作绳子或标记路线。

救生包物品清单

往救生包里每装进一件物品，就在对应的物品名称前打钩；也可以添加其他物品。

- ☐ 求生哨……
- ☐ 头灯/手电筒……
- ☐ 电池……
- ☐ 荧光棒……
- ☐ 防水袋……
- ☐ 火柴……
- ☐ 能量棒/其他应急口粮……
- ☐ 可重复使用的水瓶……
- ☐ 指南针……
- ☐ 强力胶布……
- ☐ 急救箱……
- ☐ 小刀……
- ☐ 雨披……
- ☐ 急救毯……
- ☐ 睡袋……
- ☐ 洗手液……
- ☐ 备用衣服……
- ☐ 牙刷和牙膏……
- ☐ ……
- ☐ ……
- ☐ ……
- ☐ ……

做好准备

在户外，为了避免你和团队走散时遇到危险，最好随身携带一个救生包。这个救生包在遇到其他紧急情况，比如自然灾害时，也能帮上忙。

如何打包

- 将火柴、备用衣物等物品装进防水袋里，避免被打湿或损坏。
- 打包完成后，称一称它的重量——随身携带的话，不宜太沉。
- 背包里最重的物品尽可能放在背起后贴近后背、肩胛骨中间的位置。

季节变化

你需要根据一年中季节的变化来更换背包里的物品。比如，夏天要加上防晒霜，冬天要放入保暖的衣物和手套等。

野外生存技能

掌握能帮你保命的生存技巧。

警告

千万别喝死水池里的水。

取水

假如你被困在了野外，你最需要的东西就是水。在没有净水装置的情况下，你可以尝试下面这3种方法，来获取新鲜的水。

雨水

将防水布、雨披或塑料袋绑在树枝上，来收集雨水。挂起来的时候，让它们有个倾斜的角度，再在下面放一个盛水的容器，这样水就能流进去啦。

蒸腾作用

将塑料袋套在植物枝叶茂密的一头，最好是阳光可以充分照射的地方。系紧塑料袋，确保空气跑不出去。几小时后再检查一下袋子——里面应该会有叶子蒸发出来的一些水分。

露水

将干净的布绑在腿上，清晨时分，在植物间穿梭行走；然后，拧一拧布，让水滴进容器里，或直接滴进嘴里。

搭建庇护所

抵御恶劣天气的第一道防线就是搭建庇护所。找一个干燥的地方，最好是旁边有可以挡风的树。可以在庇护所里铺一层树叶，防寒保暖。

翻到第22页，查看搭建帐篷式小窝的方法。

再翻到第48页，学习如何做吊床。

森林睡袋

收集干树叶、松针、树皮和其他森林废弃物，堆成一堆。你可以钻到里面去，就像躺进大自然做成的睡袋一样。

雪沟

1. 在雪地里挖一条大深沟，让自己能躺进去，跺跺脚，把沟沿上的雪踩实。
2. 采集树枝和木棍，横放在沟上，做顶棚，再在上面盖上树叶或防水布。
3. 爬进庇护所里。过不了多久，雪就会把顶棚覆盖住，为庇护所遮风挡寒了。

野外生存没那么容易

判断下列说法的对错，你能分辨出哪些是真的，哪些是假的吗？

圈出你的答案。

1	喝自己的尿液可以补充水分。	正确/错误
2	进入森林可以防止被闪电击中。	正确/错误
3	被鲨鱼袭击时，可以对准它的鼻子来一拳。	正确/错误
4	没有食物，会比没有水生存得更久。	正确/错误
5	在丛林里，相比被毒蛇袭击，你更有可能被从天而降的树枝砸死。	正确/错误
6	被蛇咬伤后，你可以吸出毒液。	正确/错误
7	躺平可以防止流沙把你淹没。	正确/错误
8	在被水母蜇伤的地方擦涂尿液，可以缓解疼痛。	正确/错误
9	吃雪可以补充水分。	正确/错误
10	一旦衣服被弄湿了，你的体温就会很快下降。	正确/错误
11	鸟绕圈飞代表附近有动物死了。	正确/错误
12	被雪崩困住时，流口水能帮你辨别哪里是上方。	正确/错误
13	往衣服里塞满树叶，可以帮你保暖。	正确/错误
14	把被尿泡过的衣服系在头上，能帮你降温。	正确/错误
15	跟着飞行的鸟，就能找到水源。	正确/错误

现在，把书转个方向，看看你答对了多少吧。

参考答案

1. 错误。尿液里除了水，还有能导致身体脱水的盐和尿素，所以千万别喝尿液。

2. 正确。不过，只要是在户外，就没有绝对安全的地方，所以说，在电闪雷鸣的天气，还是待在室内比较好。

3. 错误。你知道在水里击中目标有多难吗？如果实在没有什么东西挡在你和鲨鱼之间，试着去击打它的眼睛和鳃吧。

4. 正确。有水而没有食物，你大概能存活3周，但如果没有水的话，你只能活3天左右。

5. 正确。注意时不时地抬头看看！

6. 错误。尝试吸出毒液，不仅会增加伤口附近的细菌，还会让毒液进入嘴里。

7. 正确。最糟糕的情况就是慌慌张张地四处乱动。正确的做法是尽可能地平躺在地面上，动作幅度小一些。

8. 错误。实际上，这只会变得更糟糕。止痛药是你的最佳选择。要是你在游泳的时候被水母蜇伤，最好还是立刻去看医生。

9. 错误。比起水分，雪中含量更多的是冷空气，吃雪会让你的身体损失宝贵的热量，所以千万不要直接吃雪来补充水分，而是要让雪先融化掉。

10. 正确。尽快脱掉湿衣服。

11. 错误。如果有腐尸，清道夫鸟会直接俯冲下来吃掉。鸟类盘旋，是因为身处暖气流中，很可能它们还在搜寻食物呢。

12. 正确。被压在雪下面的话，流口水或尿尿都能帮你辨别上下方。

13. 正确。前提是树叶是干燥的。

14. 正确。湿衣服会让你觉得凉爽，只不过这个气味会让你很难受。

15. 错误。跟着飞行的鸟并不一定能找到水源，因为鸟的行踪受多种因素影响，比如食物、栖息地等。所以，这个说法并不准确。

我的冒险目标

记录你的目标和梦想。

提示

给你的目标设定一个达成期限，然后坚持到底吧！

大梦想，小起步

我们都有过那些似乎无法实现的梦想。可以把梦想拆分为多个小目标，一步步来，这样你的梦想才有可能实现。请记住，在实现梦想的过程中犯的错误能帮你吸取教训，失败是成功之母。

目标：

你计划如何实现：

你需要克服哪些困难：

你要怎样克服：

在这里写下你的梦想，以及为了实现它需要做的事情吧。

没有计划的目标，
只能叫作愿望。
——安托万·德·圣-埃克苏佩里

发现

在空白处写下你计划做的实验，
并记录观察结果。

创造

在这里简单记录下你的想法和故事。

设计

用素描、涂鸦等绘画方法
来做个设计吧。

探索

让艺术的探索填满本页吧。